Name: _____

Phone: _____

Email: _____

Address: _____

_____

Dates: _____

Topic:	Page
_____	_____
_____	_____
_____	_____
_____	_____
_____	_____
_____	_____
_____	_____
_____	_____
_____	_____

Printed in Great Britain
by Amazon